Hobbes contre les ténèbres

AF143258

Avertissement

On lit souvent le *Léviathan* de Thomas Hobbes comme un ouvrage rigoureusement construit, par lequel l'auteur aurait entrepris de fonder la science politique. Cette lecture constitue assurément un bon point de départ, mais elle ne rend certainement pas compte du rôle joué par la théologie et sa critique, dans la constitution d'une telle science. Or, c'est l'un des mérites de l'étude que l'on va lire, que de jeter sur l'ensemble du *Léviathan*, une nouvelle lumière : l'importance accordée à la théologie dans les deux dernières parties du *Léviathan* ne doit pas conduire à remettre en question le modèle de l'anthropologie et de la science politique tel qu'il est élaboré dans les deux premières parties, bien au contraire, elle doit plutôt permettre de comprendre que la théologie et sa critique constituent la suite et l'achèvement des prémices et des principes exposés précédemment. On trouvera ainsi dans la remarquable étude de Thomas Primerano, « Hobbes contre les ténèbres », des explications éclairantes et vivifiantes sur des questions qui traversent en réalité l'ensemble de l'ouvrage, mais qui trouvent dans la dernière partie, souvent peu étudiée, leur véritable résolution : le salut, le rapport entre la guerre civile et l'apocalypse, la rationalité des actions humaines ou encore le pouvoir de l'imagination et le royaume des fées, apparaissent comme autant de questions essentielles pour comprendre et orienter l'existence politique de l'homme. On pourra également mesurer la force d'un auteur qui, par sa plume et son esprit, s'attache à dissiper les illusions et les fantômes, dans une œuvre où se côtoient la satire et la démonstration, témoignant ainsi du rôle critique joué par la philosophie dans le contexte de crise politique et religieuse de l'Europe à l'époque de l'écriture du *Léviathan*.

Éric Marquer, professeur d'histoire de la philosophie moderne à l'université de Paris 1 Panthéon-Sorbonne.

Introduction

L'ouvrage critique de Hobbes, le *Léviathan*, alluma un brasier nourri par les différentes controverses qu'il allait susciter chez les élites. Les théologiens notamment conspuèrent l'ouvrage et condamnèrent l'exégèse biblique de Hobbes ainsi que la place faite à l'institution religieuse. Nous pouvons cependant nous douter que Hobbes savait pertinemment que sa critique ne resterait pas impunie car elle sonnait comme un défi envers les Églises Chrétiennes. Trop souvent réduit à un simple ouvrage politique, le *Léviathan* abrite une théologie affirmée dans la troisième partie du traité, *L'État Chrétien*, mais ce n'est véritablement que dans la dernière partie, *Du royaume des ténèbres*, que le projet hobbesien trouve sa visée finale. Visée qui unifie l'ensemble de l'œuvre. Hobbes veut lutter contre le royaume des ténèbres, un enfer sur terre décrit comme l'Apocalypse dans la Bible ; mais ce sont bien les hommes eux-mêmes qui, à travers leurs péchés et leur ignorance amèneront le chaos et la désolation de la guerre civile, réalité sensible de la Parole biblique.

Nous sommes alors en droit de penser que Hobbes va tenter de fournir des pistes et des clés pour démasquer les dévots du monde des ténèbres et vaincre par l'enseignement et la Raison la domination des corrupteurs du message divin. Finalement, le royaume des ténèbres est-il juste un moyen d'attaquer l'Église et sa prétention à la souveraineté ou bien au contraire, le chaos apocalyptique dont la Bible nous met en garde n'est-il pas au cœur de la conception politico-théologique hobbesienne ? Pourquoi Hobbes s'est-il donné le devoir de combattre les ténèbres ?

Nous évoquerons tout d'abord les sources de la puissance du royaume des ténèbres et comment les hommes en sont les acteurs directs, puis nous montrerons qui sont les dévots des ténèbres qu'il s'agit de combattre et enfin quelles stratégies Hobbes va mettre en place pour parvenir à empêcher le chaos.

I) La puissance du royaume des ténèbres

Nous verrons quels sont les fondements de la puissance du royaume des ténèbres notamment en nous appuyant sur l'anthropologie hobbesienne car pour que naisse le chaos, il faut que les hommes l'aient voulu en étant soit manipulés soit manipulateurs.

A) L'anthropologie hobbesienne : les passions

« Celui qui gouverne (…) doit déchiffrer le genre humain », *Léviathan*. Le souverain hobbesien est l'un des obstacles principaux à la venue du royaume des ténèbres sur la terre. Il doit en effet être parfaitement au courant des principes qui régissent la nature humaine. Dans les *Éléments de la loi naturelle et politique*, Hobbes présente l'homme comme un être rationnel ayant le pouvoir de délibération : « Cette succession alternée d'appétit et de crainte où il est en notre puissance de faire ou de ne pas faire est ce que nous appelons délibération », *Éléments de la loi naturelle et politique*.

 Ce pouvoir lui permet d'évaluer les risques et de faire ce qu'il y a de meilleur pour lui et pour la société mais à ce pouvoir s'ajoute celui de la Volonté qui permet à l'homme soit d'agir effectivement et en conformité avec la délibération soit de défier la Raison et de céder aux passions. « La loi de nature qui est aussi la loi morale est la loi de l'auteur de la nature », *Éléments de la loi naturelle et politique.* On remarque ici que l'homme est capable de préserver son intégrité et celle de la société tout entière en soumettant son action à la Raison mais les passions commandent également à l'homme et nous sommes en droit d'affirmer qu'elles sont l'un des instruments privilégiés des corrupteurs car elles sont bien souvent communes à tous les hommes et facilement manipulables. Hobbes écrira d'ailleurs lui-même dans la première partie du *Léviathan*, consacrée à la nature de l'homme, la théorie selon laquelle « le désordre civil » est la conséquence directe d'un mauvais équilibre entre les passions et la Raison. Il insiste sur le fait que la puissance souveraine doit faire les choix rationnels pour tous.

Nous pouvons penser que si l'avènement du monde des ténèbres passe par le contrôle des passions humaines, il est du devoir moral du souverain envers Dieu de réguler les passions humaines pour préserver l'État. Dans *Éléments de la loi naturelle et politique*, Hobbes fait une analogie entre la vie et une course. Les hommes sont en compétition et leur attitude durant la course définit leurs passions, leurs vertus et leurs vices. Les exemples sont nombreux : « S'efforcer c'est appétit », « être insouciant c'est sensualité », « Considérer ceux qui sont derrière c'est plaisir », « Considérer ceux qui sont devant c'est humilité », « Abandonner la course c'est mourir ». La vie humaine se définit alors uniquement à travers notre désir. Ne plus désirer est la définition adéquate de la mort et donc de la fin de la course. L'avènement du royaume des ténèbres est, par conséquent, rendu possible par le contrôle des passions des hommes dans la course effrénée de la vie.

B) L'imagination au service de la superstition

Dans la première partie du *Léviathan*, Hobbes définit l'imagination, faculté propre aux hommes et qui peut, comme les passions, être mise à profit des corrupteurs de la droite Raison. Hobbes nous dit tout d'abord que la mémoire est un résultat de l'imagination qui forme des images du passé dans notre esprit. Le philosophe va ensuite distinguer deux types d'imagination différents : l'imagination simple et l'imagination complexe. La première se rapporte à la mémoire en formant l'image du cheval que l'on aurait vu hier et la seconde consiste en un mélange de deux éléments comme l'alliance entre le cheval et l'homme qui donne le centaure dans l'imagination. Les hommes sont donc directement capables de former des images chimériques et se laisser influencer par elles et le cas échéant, par ceux qui introduisent ces raisonnements fallacieux dans l'esprit des hommes.

Anne Herla montre bien dans son ouvrage *Hobbes ou le déclin du royaume des ténèbres*, comment l'imagination peut être mise au service de la superstition, l'autre fondement de la puissance du royaume des ténèbres : « Le premier genre de connaissance chez Hobbes, celui dans lequel vivent la plupart des gens oscille entre une prudence de bon aloi et une superstition faite de doctrines fausses ou absurdes, acceptées sans réflexion critique, et de confusion entre sensations et imagination (ce que Hobbes nomme de manière générale *Kingdome of Darkness*) ». L'imagination des hommes les pousse à croire contre leur droite Raison et à être trompés par les superstitions. Il nous faut ajouter que l'homme possède en lui les germes de la religion qui l'invite à créer et vénérer des forces surnaturelles pour pallier les défauts de la science et l'inquiétude pour l'avenir. Dominés par leurs passions et leur imagination, les hommes sont susceptibles de d'ignorer l'appel de la droite Raison, qui est, rappelons-le, la faculté offerte par Dieu aux hommes pour les mettre sur le chemin de la paix civile sur terre et du paradis dans les cieux. Ces derniers risquent alors de s'en remettre à des corrupteurs ne cherchant que le profit et la puissance dans le monde terrestre, quitte à le livrer au désordre et à la guerre civile c'est-à-dire le transformer en royaume des ténèbres.

II) L'avènement du royaume des ténèbres

Si les hommes ont en puissance la possibilité d'user de leur Raison naturelle ou non et d'amener le royaume de la lumière ou le royaume des ténèbres, il est impensable que ces derniers se dirigent de leur plein gré vers le mal et doivent soit y trouver un intérêt soit confondre superstition et raison. C'est-à-dire être soit manipulés soit manipulateur. Nous répondrons ici à la question hobbesienne *cui bono ?* (À qui profite l'avènement du royaume des ténèbres ?) en décrivant les méthodes des corrupteurs et leurs ambitions propres à leur vie terrestre.

A) L'influence des aristotéliciens

Il n'est probablement d'école plus populaire que celle d'Aristote, comme le prouve l'Histoire qui met à l'honneur sa philosophie à travers les siècles. La *mimesis*, concept central de l'éducation des enfants d'Athènes, inspira la scolastique chrétienne et forma les religieux tout en permettant à l'héritage aristotélicien de survivre grâce à l'institution ecclésiastique. En effet, dans le dernier livre des *Politiques*, Aristote montre comment les jeux doivent refléter et entraîner l'enfant à sa vie adulte. Des jeux d'hommes libres formeront des hommes libres. Grâce aux théologiens et notamment à Saint Thomas d'Aquin, la doctrine aristotélicienne reste la philosophie de référence pour les élites intellectuelles.

Hobbes, en écrivant le *Léviathan*, attaque la philosophie aristotélicienne et sa pensée politique. L'un des nombreux points de désaccord entre le philosophe anglais et les disciples aristotéliciens réside dans la conception du rapport de l'homme au politique. « L'être humain est par nature un animal *politique »,* écrit Aristote dans *Les Politiques (1253 a 2-3).* Cette conception de l'homme s'oppose à celle de Hobbes que l'on peut résumer par cette formule tirée de l'épître dédicatoire du *De Cive* : « L'homme est un loup pour l'homme ». On peut comprendre ici que la création d'un État souverain est plus artificielle que naturelle : « C'est l'art, en effet, qui crée ce grand Léviathan appelé République », *Léviathan*. La controverse étant ainsi établie, il s'agit de savoir si l'homme est par essence fait pour être toujours en relation avec les siens dans un système hiérarchique qui va de la famille au village et du village à la cité ou s'il peut vraiment exister un état de nature sans pouvoir politique, « un état de guerre de tous contre tous », *Léviathan*.

Le retour à l'état de nature, c'est peut-être cela le véritable royaume des ténèbres ; et les aristotéliciens, forts de leur l'influence, peuvent poursuivre la même fin que les autres corrupteurs : défier la puissance souveraine, déclencher la guerre civile et dresser leurs partisans à leur obéir plutôt qu'au souverain. Hobbes accuse les aristotéliciens d'inventer des mots vides de sens pour donner l'impression de détenir la vérité. Des concepts comme « hypostatique » ou « transsubstantié » ne sont que du « charabia scolastique », *Léviathan*.

Si le royaume des ténèbres est bien une forme d'Apocalypse Biblique, les forces de la lumière menées par Jésus-Christ combattront pendant mille ans les forces du mal commandées par l'Antéchrist. L'exergue de Hobbes montre que ce personnage est le symbole de la tromperie car il se présentera comme le Messie chargé d'apporter la paix et la vérité dans le monde et attirera les disciples crédules. Nous sommes en droit d'affirmer que pour Hobbes, les aristotéliciens sont les messagers du royaume des ténèbres en brouillant l'esprit des hommes grâce à des concepts religieux fabriqués de toutes pièces et à une doctrine politique qui tolère et encourage le soulèvement des peuples contre le pouvoir en place. En effet, dans *Les Politiques*, Aristote pose la question du meilleur gouvernement et opère sa distinction entre les formes de gouvernement et leurs déviations. La tyrannie est la déviation de la royauté, l'oligarchie celle de l'aristocratie et la démocratie celle du gouvernement constitutionnel. Aristote montre comment la corruption et les événements tragiques forcent le peuple à changer de régime politique pour que les intérêts du plus grand nombre soient à nouveau défendus. Il écrit alors dans *les Politiques* : « Donner la souveraineté à un homme et non à la loi est mauvais ». Ce sont ces thèses qui seront mises à mal dans le *Léviathan* de Hobbes et notamment dans la deuxième partie intitulée : *De l'État*. Hobbes explique alors que les déviations des régimes ne sont que de la pure rhétorique et qu'en réalité la définition du concept de tyrannie ou d'oligarchie ne trouve pas sa source dans les faits mais dans l'esprit des citoyens qui ont du ressentiment par rapport au mode de gouvernement actuel. Or le souverain utilise son pouvoir pour maintenir l'ordre et sauvegarder l'État quitte à se faire l'ennemi du peuple. Mais les aristotéliciens utilisent cette topologie des régimes de gouvernement pour monter le peuple contre un ennemi imaginaire qui n'existe que dans l'esprit des corrompus. Quant à la recherche du meilleur gouvernement, cette quête est vaine et profite aux alliés du royaume des ténèbres.

La réponse de Hobbes est simple ; peu importe le type de régime au pouvoir pourvu qu'il maintienne l'ordre, la sécurité et qu'il résiste à la corruption. Le philosophe nuance tout de même son propos en montrant que, plus la puissance est réunie en peu d'homme, plus efficace sera le gouvernement dans sa tâche. Hobbes défend donc la monarchie avec à sa tête un tyran éclairé. Nous nous devons de voir ici une légitimation des actions du Lord Protecteur Cromwell en Angleterre. Le Lord Protecteur ordonna la décapitation du Roi Charles Premier en 1649 et purgea le Parlement des traîtres avant de mener diverses campagnes meurtrières dirigées contre les papistes et les irlandais pour restaurer l'ordre et la paix et pour exterminer quiconque voudrait résister au nouveau pouvoir qui dirigera dorénavant le pays. C'est dans la dernière partie du *Léviathan*, *Du royaume des ténèbres*, que Hobbes affronte explicitement les aristotéliciens. C'est une erreur de la part du philosophe antique d'avoir affirmé que les lois doivent gouverner et non les hommes car il faut que le peuple sache par qui il est dirigé c'est-à-dire par un pair qui a la puissance et qui a le devoir de tout mettre en œuvre pour faire respecter la loi et donc d'empêcher le royaume des ténèbres d'étendre son emprise. L'effet pervers de la doctrine aristotélicienne est d'utiliser le mot tyrannie à chaque fois que le peuple n'aime plus son souverain et de rendre licite une guerre contre lui.

Les aristotéliciens sont donc les partisans de la Vaine philosophie évoquée dans la dernière partie du *Léviathan*. Ils usent de leur influence pour corrompre l'esprit des citoyens et les mener à la rébellion contre le pouvoir souverain et ainsi plonger le monde dans les ténèbres du chaos.

B) L'Église contre l'État

La Vaine philosophie n'a qu'un but : supprimer la raison. Cela revient à corrompre l'esprit de l'homme, à le détourner des volontés de Dieu et de la morale et de faire naître en lui les ténèbres de la superstition afin de le manipuler jusqu'à sa propre perte. Rappelons que les lois de la raison ne sont pas autres choses que les lois de nature ou les lois de la morale ; celles que Dieu a lui-même transmises sous forme de tables de lois à son serviteur Moïse. L'exégèse hobbesienne de la Bible contenue dans la troisième partie du *Léviathan* montre comment le pouvoir religieux et le pouvoir politique étaient confondus en la personne de Moïse, si bien que Dieu lui-même mit le peuple en garde contre les prophètes qui feignaient d'avoir été eux aussi choisis par Dieu. Ainsi, tous les prêtres étaient subordonnés à l'autorité de

Moïse. Hobbes va défendre cette conception du politique et du théologique et mettre le souverain en garde, un peu à la manière de Machiavel dans *Le Prince*, contre L'Église et ses ambitions.

« Contrairement à l'État hobbesien, basé sur la capacité rationnelle des individus à se conserver, tout le pouvoir de l'église repose sur l'irrationalité, l'ignorance et la suppression de la vérité, des sciences et de la raison elle-même », écrit Anne Herla dans *Hobbes ou le déclin du royaume des ténèbres*. Le souverain n'est plus le ministre du culte et par conséquent, l'Église prend son indépendance par rapport au pouvoir politique. Ce contre-pouvoir est extrêmement dangereux pour Hobbes, d'une part, comme le rappelle Anne Herla, parce qu'il tire sa puissance du royaume des ténèbres en instiguant la crainte par la superstition, et d'autre part parce que le peuple serait tiraillé entre l'obéissance au pouvoir religieux dans l'espoir de gagner l'immortalité de l'âme dans l'au-delà et le pouvoir politique qui assure la sécurité et la vie la plus heureuse possible dans le pays.

Il est également impensable que le pouvoir souverain soit soumis au pouvoir religieux. Hobbes en veut pour preuve son exégèse des textes bibliques. C'est une erreur de croire que le pouvoir temporel dépend du spirituel. En effet, Dieu a délégué son pouvoir au souverain et si sa volonté règne dans les cieux, il appartient au souverain et au souverain uniquement de décider sur terre. Pour Hobbes le clergé doit enseigner et non gouverner, ses décrets sont des conseils bien plus que des lois. Mais dans les faits, le XVIIème siècle connaît de grands schismes dans l'Église. Ces schismes sont provoqués par l'ambition de certains et conduisent irrémédiablement au désordre. Hobbes prend parti contre les papistes qui défendent l'autorité sacro-sainte du Pape sur toute l'Église et faisant la guerre à tous ceux qui osent remettre en cause le pouvoir de Rome. Le luthéranisme au XVIème siècle avait déjà dénoncé les excès et l'orgueil des hauts placés dans la hiérarchie cléricale. Le Pape est vu comme un corrupteur de la Parole divine et tente de justifier ses trahisons et ses actes innommables en détournant les textes de l'Évangile. Hobbes en est conscient voilà pourquoi il rappelle dans la troisième partie du *Léviathan*, la figure de l'Antéchrist qui utilisera l'enseignement de Jésus Christ pour servir ses profits personnels. L'accusation est très grave mais si le Pape utilise son pouvoir d'excommunication contre les souverains légitimes qui refusent de participer à ses conquêtes ou d'obéir à ses ordres, ils risquent de monter une partie du peuple contre le pouvoir dirigeant et de déclencher une guerre civile. Si, comme Hobbes le rappelle, « le but de l'Écriture est d'établir les droits du royaume de Dieu », *Léviathan*, il est envisageable que la corruption des Saintes Écritures établira le royaume des ténèbres sur terre.

Dans la dernière partie du Léviathan, Hobbes va se livrer à une analogie inattendue entre le Pape et ses disciples et le Roi des fées et ses sbires. Nous pouvons penser que cet outil rhétorique renforce la méfiance des citoyens jeunes qui risquent de lire ou d'étudier son livre comme le philosophe le souhaiterait. Mais il est également probable que la mythologie biblique ne soit pas à prendre dans un sens toujours obvie mais que Dieu a caché et crypté ses messages. Le Léviathan lui-même ne serait pas une reprise du nom du monstre biblique mais une correspondance directe comme pourrait le faire penser son combat épique et dantesque contre le Béhémoth. Les deux créatures les plus puissantes de la création comme l'Église et l'État sont les entités les plus puissantes sur terre.

Le Royaume des fées rappelle à l'esprit les contes pour effrayer les enfants, et ainsi s'assurer de leur obéissance. Hobbes veut mettre en relief ce monde parallèle auquel appartient l'Église. Telles les fées, les ecclésiastiques volent les enfants et obscurcissent leurs esprits par une instruction scolastique unique pour les transformer en disciple du royaume des ténèbres prêts à se soulever contre leur souverain légitime et à obéir aveuglément aux ordres. L'analogie se poursuit lorsque Hobbes montre que les ecclésiastiques comme les fées ne sont pas soumis aux lois des tribunaux mais préfèrent leurs propres lois. Ainsi les fées se plient uniquement à l'autorité du Roi des fées et les religieux uniquement à celle du Pape. Le royaume des fées qui s'apparente au monde des démons est dirigé par un souverain unique : Béelzéboul. Dans le réel Hobbes constate que peu importe les nations, tous les chrétiens sont également dirigés par une seule personne : le Pape. Les fées comme les ecclésiastiques sont des êtres spirituels qui « se promènent dans l'obscurité de la doctrine, dans les monastères, les églises et les cimetières ». Les elfes ne se marient pas comme les prêtres. Enfin le philosophe nous montre que les fées expédient les elfes pour troubler leurs ennemis lorsqu'elles sont mécontentes tout comme l'Église utilise la persuasion, les exorcismes et la manipulation de sortilège pour évoquer sa puissance.

Hobbes à travers ces comparaisons amusantes et angoissantes à la fois, met les citoyens et le souverain en garde contre les manœuvres de l'Église. Nous pouvons penser que, soit Hobbes se sert à son tour de ces fables pour inspirer la peur chez les citoyens ou le souverain, soit qu'il croit lui-même à ces histoires et qu'il est lui aussi dépendant de certaines angoisses irrationnelles, soit, et c'est l'hypothèse que nous pouvons privilégier, que Hobbes interprète la Bible et que, si bien sûr les fées n'existent pas, ce sont les ecclésiastiques qui sont en fait les fées du monde réel. Certes, la correspondance n'est pas exacte mais c'est le propre même du symbole. La menace qui plane sur le monde ne viendrait pas de créatures surnaturelles peuplant les récits légendaires mais bien d'êtres humains, puissants et manipulateurs. Il pose la question « *cui bono* », *Léviathan*, car il lui importe de savoir quel profit les papistes tirent de l'avènement du royaume des ténèbres. La réponse est claire pour le philosophe : Le pouvoir et la domination sur les hommes ; voilà quelle est la plus grande récompense que les ecclésiastiques peuvent tirer du chaos engendré par la venue du royaume des ténèbres sur la terre. Ce serait alors la victoire des forces du mal contre celles du bien, incarnées par les souverains légitimes, protecteurs de l'ordre et garant de la loi naturelle devenue également loi civile. C'est donc bien le souverain qui représente Dieu sur la terre en donnant une réalité juridique à la loi naturelle tandis que le Vicaire du christ ne cherche que son propre intérêt et veut commander aux hommes à la place de Dieu.

Voilà désormais quelles forces souhaitent le chaos et la guerre civile. Les aristotéliciens et les ecclésiastiques sont intimement liés dans leur philosophie, leurs pratiques et leurs ambitions. En manipulant le peuple et en le tournant contre le souverain, ils pensent pouvoir fonder un nouvel ordre meilleur sous leur commandement. Mais Hobbes comprend, grâce à son interprétation des récits bibliques, que l'orgueil leur masque la réalité de l'issue de leur combat : le royaume des ténèbres, un chaos qui opposera les forces divines aux forces maléfiques comme le décrit l'Apocalypse.

III) Le combat contre le royaume des ténèbres

Au XVIème siècle, le philosophe italien Machiavel prodiguait ses conseils au Prince en espérant que le peuple se rendrait compte des manœuvres politiques que le pouvoir intenterait contre lui. Hobbes ne poursuit certes pas le même objectif mais souhaite également avertir le peuple sinon le souverain, que la guerre contre le royaume des ténèbres est déclarée et inéluctable. Il se sert alors du *Léviathan* pour mettre en lumière l'ennemi de l'ombre et l'affronter.

A) Le souverain, garant de la puissance divine sur terre

Le combat contre le monde des ténèbres passe avant tout par l'affirmation de la puissance souveraine de nature théologico-politique contre l'influence d'une autre institution religieuse. Hobbes écrira d'ailleurs dans la troisième partie du *Léviathan*, qu'un État chrétien et une Église sont une seule et même chose. L'opposition entre le gouvernement temporel et le gouvernement spirituel est une illusion pour que les hommes voient double alors que le souverain est unique. Il s'agit bien ici du chef de l'État. Plus encore, le souverain a le devoir d'organiser le culte au sein du pays de sorte que les faux prophètes ne puissent interférer avec les décisions proprement politiques. C'est d'ailleurs ce que Dieu lui-même a voulu lorsqu'il a fait de Moïse le souverain civil et religieux de sa communauté et comme cela lui a été révélé au mont Sinaï, il aurait le droit et le devoir de distinguer les vrais des faux prophètes : « Il fut ainsi que l'interprète de l'Écriture soit le même que le juge suprême de toutes les doctrines », (*De Cive*).

Il semble impossible de savoir à quel point Hobbes croyait à la relation entre Moïse et Dieu. Dans *Moïse et le monothéisme*, le psychanalyste Sigmund Freud rattache plutôt le prophète à une famille noble égyptienne qui, frustré de n'avoir pu obtenir le pouvoir, fonda sa propre communauté en libérant ou en achetant des esclaves et en les entraînant hors de l'emprise du Pharaon. « Moïse fut bien un Egyptien et vraisemblablement un Egyptien de noble naissance. De cet Egyptien, le mythe a fait un Juif », écrit Freud. A partir de là, Moïse utilisa la figure d'un dieu ancien et tout-puissant, pour effrayer le groupe et les maintenir sous son autorité. En étant la seule personne à qui Dieu s'adressait et en punissant de mort quiconque s'approchait du Mont Sinaï, il put soumettre son peuple et désigner les plus lucides ou les plus rusés comme des hérétiques et des faux prophètes. Il est possible que Hobbes ne croie pas lui-même à l'argument rhétorique qui est la pierre angulaire de tout son raisonnement à savoir que Dieu a voulu que Moïse soit le souverain incontesté et possède en même temps le pouvoir religieux. Quoi qu'il en soit, son exégèse de la religion lui sert à assurer une base forte au pouvoir souverain et de légitimer son hégémonie face à toute autre sorte de pouvoir dissident, en particulier celui de l'institution religieuse.

Ainsi nous pouvons former des hypothèses sur la vision qu'a Hobbes du Protectorat de Cromwell. Si ce qui importe le plus au philosophe est l'ordre civil, comme rempart contre le royaume des ténèbres, il est envisageable que la figure de Cromwell apparaisse comme le nouveau dépositaire du pouvoir divin qui met à mort Charles Premier, roi ambitieux et soumis au pouvoir ecclésiastique mais faible face au Parlement. L'équilibre de la paix restait précaire et la guerre civile menaçait. Le Lord Protecteur Cromwell rétablit la situation et forgea une nouvelle puissance politique stable. Hobbes a pu être associé à Cromwell comme le prouverait l'illustration du *Léviathan* qui représente un souverain, sceptre et épée en main, dont le corps est composé des citoyens et dont le visage ressemble à s'y méprendre à celui du Lord Protecteur. Ainsi, le *Léviathan* est susceptible d'être adressé tout particulièrement à un souverain d'Angleterre qui luttait contre l'expansion du royaume des ténèbres. Cromwell a ainsi purgé le Parlement des ennemis de la puissance civile, c'est-à-dire des ennemis de la paix et a permis de traquer et d'exterminer les dissidents religieux dans le royaume. Dans le deuxième livre du *Léviathan*, Hobbes en appelle au souverain et lui conseille de ne pas laisser son peuple dans l'ignorance car cela ne ferait qu'encourager sa curiosité et le livrer à la superstition et à la manipulation des corrupteurs. Cependant, les universités ne peuvent être tenues par ceux qui enseignent la rébellion et le mensonge c'est-à-dire, pour Hobbes, les aristotéliciens et les théologiens. C'est le chef de l'Etat qui devrait s'occuper lui-même de l'enseignement de son peuple pour qu'il aille dans le sens de la vraie morale, des lois civiles et des lois naturelles, les trois grands principes défendus par le pouvoir souverain. Nous pouvons penser que Hobbes espérait un retour triomphal en Angleterre et pourquoi pas, la considération du Lord Protecteur ainsi que la permission de promulguer les textes hobbesiens au sein même des universités pour former non plus des pions du royaume des ténèbres, mais des gardiens du royaume de Dieu.

Nous devons préciser que cette interprétation du Léviathan est loin d'être partagée par tous. Pour la philosophe Monicka Patterson-Tutschka, l'idée que Hobbes serait favorable au Protectorat est erronée: « *I, however, argue that Hobbes's Leviathan intends to smash the religious principles underwriting Cromwell, the Rump and the new regime.*(j'affirme que le

Léviathan de Hobbes a l'intention de briser les principes religieux qui sous-tendent Cromwell, le Parlement croupion et le nouveau régime)» écrit-elle dans l'introduction de son article *Hobbes Smashes Cromwell and the Rump: An Interpretation of Leviathan*. En effet, son analyse montre que Hobbes remet en cause des opinions religieuses légitimant la montée au pouvoir de Cromwell et donc s'oppose au nouveau régime ainsi instauré.

Quoi qu'il en soit, il nous faut rappeler que le souverain hobbesien possède, en vertu du contrat qui fonde sa puissance, le pouvoir absolu sur les citoyens et le devoir de les gouverner en adéquation avec les lois naturelles et morales intrinsèques à l'homme grâce à Dieu, ainsi que l'obligation de protéger l'État lui-même contre la menace du royaume des ténèbres.

B) L'éducation du peuple

Le combat contre le royaume des ténèbres implique les décisions souveraines qui régissent la vie politique et sociale du pays mais pour Hobbes, l'éducation du peuple reste primordiale et non négligeable. En effet, permettre au peuple de comprendre les décisions du souverain, de voir au-delà de son intérêt égoïste et de se libérer des manipulations, les rendra plus aptes à participer au royaume de Dieu sur terre, à vivre de la manière la plus heureuse possible et même à accéder *in fine* au paradis.

Le *Léviathan* en lui-même doit pouvoir être un ouvrage que les jeunes gens étudieraient dans les universités pour comprendre les mécanismes politiques et pourquoi se révolter contre le pouvoir souverain ne fait pas sens.

« Hors de l'État chacun a le droit à tout de telle sorte qu'il ne peut cependant jouir de rien, dans l'État au contraire chacun jouit en sécurité d'un droit limité. », écrit Hobbes dans le *De Cive*. Pour que le peuple puisse disposer de sa vie en sécurité, les hommes qui le composent acceptent de remettre en cause sa liberté licencieuse qu'ils possédaient à l'état de nature et ériger un souverain qui disposerait du pouvoir coercitif. L'État de droit existe d'ailleurs selon la volonté de Dieu qui veut que les hommes vivent selon des commandements dont l'existence et le respect ne peuvent être assurés que par la présence du droit et donc du pouvoir souverain. Si les citoyens deviennent conscients du pacte qui les unit à leur souverain, nous sommes en droit de penser qu'ils auront une plus faible propension à se rebeller.

Sur l'importance de l'éducation des citoyens, Hobbes dira également dans le *De Cive* : « L'ignorance est à mi-chemin entre la vraie science et les doctrines erronées. » Le philosophe montre ici deux choses. La première, qu'il est possible d'éduquer le peuple ignorant notamment grâce aux institutions publiques chapeautées par l'État. La seconde, que celui-ci est susceptible de s'écarter de la voie du savoir si son moyen d'éducation est laissé au seul soin de l'Église. Grâce au *Léviathan*, livre que Hobbes espère populaire à l'université, les citoyens seront en mesure d'appréhender une nouvelle interprétation de la Bible. L'exégèse proposée remet en cause certaines licences prises par l'Église pour justifier son pouvoir et sa richesse. Les passions de l'homme et l'imagination, manipulées par les ecclésiastiques, le rende crédule et forgent ainsi son espoir d'accéder au paradis s'il suivait les ordres de l'Église. Hobbes enseigne alors au citoyen que son salut ne dépend pas des volontés cléricales mais de son propre rapport à la religion. Voici ce que le philosophe tire de son exégèse : d'abord que les lois de nature peuvent être résumées ainsi : « Ne fais pas aux autres ce que tu ne veux pas que l'on te fit » (*Léviathan*), ensuite, que l'essence même de la foi est contenue dans un seul principe qui dépend de nous et de nous seul : « Croire au Christ, notre sauveur » *(Léviathan)*, et enfin, que la foi procure la puissance d'attendre le salut chrétien mais que c'est l'obéissance au souverain, protecteur des lois de nature et dépositaire de la volonté de Dieu, qui lui en donne la capacité. Ce que Hobbes veut dire ici, c'est que l'accès au royaume de Dieu dans les cieux appartient aux hommes qui auront su établir le royaume de Dieu sur terre, c'est-à-dire, s'affranchir de la manipulation des groupes opposés à l'État et qui souhaitent sa chute. En respectant le pouvoir souverain et donc la Parole de Dieu, les citoyens deviennent eux même des obstacles au royaume des ténèbres.

En écrivant le *Léviathan*, il parvient à donner un sens didactique à sa doctrine du pouvoir politique et du pouvoir théologique. L'éducation des hommes autant que celle du souverain est nécessaire pour faire face à la menace du royaume des ténèbres et Hobbes veut en être le principal moteur.

Conclusion

Il est toujours risqué de spéculer sur les croyances personnelles de Hobbes en matière religieuse car les textes ambigus reflètent parfois, soit un athéisme prononcé, soit un retour à la doctrine fondamentale de Jésus Christ. Nous avons pu rendre compte d'une chose certaine : Hobbes est un partisan de l'ordre. Le royaume des ténèbres est une menace mise en avant par le philosophe pour avertir le souverain et les sujets et désigner un ennemi commun. Les aristotéliciens et l'Église remettent en cause le pouvoir politique absolu que devrait avoir le souverain et ainsi mettent l'ordre en péril. Le royaume des ténèbres semble alors être une simple interprétation de l'Apocalypse biblique qui sert d'argument rhétorique à Hobbes pour mettre les citoyens et les souverains en garde et peut être avoir le privilège de dispenser son enseignement dans les universités. Mais la menace est bien réelle. Nous pouvons alors penser que, sans faire preuve d'ambition personnelle, Hobbes craint réellement la guerre civile qui n'est autre que la véritable Apocalypse sur terre dans un sens moins obvie. Tout le *Léviathan* peut alors être vu comme le mode d'emploi pour comprendre et combattre le royaume des ténèbres. De l'anthropologie qui permet de montrer comment les hommes peuvent être manipulés, à l'exégèse des textes bibliques, en passant par les devoirs du souverain et des sujets dans l'État de droit, l'ouvrage engage véritablement Hobbes dans le combat contre le royaume des ténèbres et en fait un héraut de la lumière.

Bibliographie

-*Léviathan*, Thomas Hobbes, folio essais, (29 novembre 2000)

-*Du citoyen*, Thomas Hobbes, GF (10 mars 2010)

-*Éléments de la loi naturelle et politique*, Thomas Hobbes, Le Livre de Poche (2 juin 2003)

-*Hobbes ou le déclin du royaume des ténèbres*, Anne Herla, Kimé, Mars 2006

-*Les Politiques*, Aristote, GF (avril 2015)

-*Moïse et le monothéisme*, Sigmund Freud, Idées/Nrf/Gallimard (1975)

Table des matières

Éric Marquer est professeur d'histoire de la philosophie moderne à l'université de Paris 1 Panthéon-Sorbonne et spécialiste de Hobbes.

Thomas Primerano est étudiant en philosophie à l'université de Paris 1 Panthéon-Sorbonne, membre de la Société d'Etudes Robespierristes et de l'Association pour la Cause Freudienne de Strasbourg.

Crédit peinture de couverture : *La chute des anges rebelles* de Luca Giordano peint en 1666 et exposé au Kunsthistorisches Museum à Vienne.

Edition : Books on Demand,
12/14 rond-Point des Champs-Elysées, 75008 Paris
Impression : BoD - Books on Demand, Norderstedt, Allemagne
ISBN : 9782322204113
Dépôt légal : Février 2020